아들러 명언 200선
: 풍요로운 삶의 긍정

풍요로운 삶의 긍정

아들러
명언 200선

알프레드 아들러 지음
정의석 편저

프롤로그

오늘날 우리는 공감의 시대에 살고 있습니다. 혼자서 일을 하는 것보다는 내 마음을 알아주는 사람들과 함께 일을 진행하는 것이 훨씬 효과가 좋습니다. 사실 자신이 감당하기 어려운 과제를 다양한 사람들의 힘을 합쳐 해결하는 과정은 모두가 바라는 이상적인 형태입니다. 이런 시대에 우리에게 필요한 덕목은 바로 개인의 뛰어난 재능과 이를 다른 곳으로 연결할 수 있는 공감 능력입니다. 이 두 가지 능력이 없으면 회사나 사회에서 생존하기가 사실상 어렵습니다.

만약 우리가 다른 사람들의 심리를 잘 이해할 수 있다면 세상

을 살아가는데 큰 힘이 됩니다. 기본적으로 사람은 혼자서는 살수 없는 존재이기 때문에 다른 사람들의 도움이 반드시 필요하기 때문입니다. 타인의 마음을 미리 헤아리고 그들이 좋아하는 것을 적절하게 제공해주는 사람들을 싫어할 이는 어디에도 없을 것입니다. 회사나 학교에서 평판이 좋은 사람들을 잘 살펴보면 그들은 거의 대부분 상대방의 심리를 읽고 서로 이득을 볼 수 있는 방법을 만들어내는데 뛰어납니다.

사람의 심리가 어떤 방식으로 작용하는지를 파악한 사람은 이를 개인의 발전에 활용할 수도 있습니다. 꿈을 이루는데 필요한 내적 동기를 강화하고 외부로부터의 유혹을 쉽게 이길 수 있도록 스스로의 생각과 습관을 만들어 나갈 수 있기 때문입니다. 역사를 잘 살펴보면 성공한 사람들은 모두 자신의 마음가짐을 올바르게 하는 일에 각별한 주의를 기울였습니다. 이를 위해 필요한 생활습관을 다잡으면서 타의 모범이 되기 위해 노력한 것이죠.

이 책을 선택한 분들은 아마 제목에 적힌 아들러라는 저명한 심리학자의 생각을 알고 싶어서 구매를 결심하셨을 것이라 생각됩니다. 알프레드 아들러는 오스트리아의 심리학자로 프로이트와 어깨를 나란히 했던 유명한 인물입니다. 프로이트가 꿈과 무의식에 집중했던 것과 달리 아들러는 열등감을 통해 사람의 심리를 이해하려 노력했습니다. 그의 이런 성향은 오늘날 사람들에게 잠재된 힐링에 대한 열망과 맞물려 새롭게 조명을 받고 있습니다.

'아들러 명언 200선'은 아들러가 쓴 책의 내용 중 우리가 기억해야 할 유익한 문장을 바탕으로 여러분들께 소중한 가치를 전달하는 것을 목적으로 하고 있습니다. 저는 여러분들이 책을 통해 자신이 가진 능력을 신뢰하며 이를 바탕으로 열등감을 극복하고, 그렇게 얻은 능력으로 자신과 주변을 바꿀 수 있게 되길 진심으로 소망합니다. 사실 오늘날 대부분의 사람들은 외부의 환경 때문인지는 몰라도 자존감이 많이 약해져있으며 열심히 해도 성공할 수 없다는 뿌리깊은 패배의식을 지니고 있습니다. 이런 상황에서 긍정적인 마음가짐만으로 세상을 살아가기는 물론 어렵습니다. 그러나 마음을 가볍게 하고 더 나은 미래를 도전하는데 이런 마음이 도움이 된다고 한다면, 우리가 긍정적인 마음을 갖지 말아야 할 이유는 어디에도 없습니다. 아들러의 명언은 그런 의미에서 여러분들에게 큰 도움이 될 것입니다.

이 책을 어떻게 활용하실 지는 전적으로 여러분들께 달려있습니다. 명언을 읽으며 생각을 정리하는 용도로 활용하거나 필사 노트로 쓰셔도 좋습니다. 다만 이 책이 여러분들의 시야를 확장시키는 계기가 되었으면 합니다. 열등감을 통해 삶을 바꾼 한 심리학자의 고뇌와 열정을 읽으며 이를 자신에게 적용하는 과정은 어떤 방식으로든 큰 의미가 있을 것입니다.

여러분들께 드릴 좋은 문구를 선정하기 위해 아들러의 심리학과 사상을 공부하며 소중한 가치를 깨달을 수 있었기에 이 지면을 빌어 먼저 감사를 표하고 싶습니다. 그 결과로 선보일 이 책이 독자분들의 마음에도 감동과 여운을 남길 수 있게 되기를 바랍니다. 이 글을 읽는 모든 분들의 건승을 기원합니다.

정의석

CONTENTS

11 아들러 명언 첫 번째 마당
나 자신으로부터의 신뢰

63 아들러 명언 두 번째 마당
가능성의 씨앗

111 아들러 명언 세 번째 마당
실패와 성공의 열매

155 아들러 명언 네 번째 마당
잊혀진 보물, 소중한 가치

201 아들러 명언 다섯 번째 마당
세상을 연결하는 끈

아들러 명언 첫 번째 마당

나 자신으로부터의 신뢰

1
누구에게나
열등감은 있습니다.
이는 우리가
어떤 환경에 처해 있는 지와는
큰 관련이 없습니다.

2
열등감과 우월감은
사람의 행동을 결정하는
중요한 요소입니다.

3
우리는 나쁜 성격을 열등감의
신호로 이해해야 합니다.
대개 나쁜 성격은 열등감을 감추기
위한 무기로 많이 활용됩니다.

4
우리는 항상
'나는 이렇게 해야 해',
'이 일을 꼭 할 거야',
'저 사람이랑 싸워야겠어' 등의
말을 하며 강박 증세를 보이는
사람들을 만납니다.
이 모든 것들은 열등감을 나타내는
징후입니다.

5
우리는 우월감이
어떤 방식으로 잠재되어 있는지를
확인할 수 있습니다,
이는 우월감이 생길 당시에는 알아볼 수
없지만 대개 시간이 지나면서 열등감에
대한 보상의 개념으로 마음속에
자리잡는 경우가 많습니다.

6

우월감은 열등감을 가진 사람이
스스로 겪고 있는 어려움으로부터
탈출하기 위해 사용하는
여러 방법 중 하나입니다.

7

자신을 믿지 못하는 사람들은
항상 작은 것에 사로잡혀 있습니다.
그들은 책보다는 뉴스에, 글보다는
광고에 더 신경을 쏟습니다.

8

열등감이 있는 사람들은 상대방의 표현에 지나칠 정도로 민감합니다.

9

앞서 말했던 대로
모든 사람에게는 열등감이 있습니다.
그러나 열등감은 질병이 아닙니다.
우리가 도전하고 발전하는데 필요한
자극제라 생각하는 편이 낫습니다.

10
우월감이 추구하는 바는
긍정적일 수도,
부정적일 수도 있습니다.

11

패배감을 느끼는 사람은
삶을 향한 태도가 평범한 사람과는
많이 다릅니다.
그들은 대개 삶에서 그다지 중요하지
않은 덕목을 소중하게 생각하며
에너지를 낭비하고 다른 사람들로 하여금
쉽게 도전할 수 없도록 하는
환경을 조성합니다.

12

만일 우리가 숲에서 자라는
소나무를 관찰하게 된다면,
꼭대기에 있는 소나무와 아래에 있는
소나무가 다르게 자라난다는
사실을 확인할 수 있습니다.
이처럼 개인의 강점은 환경에 따라
모두 다릅니다.

13

기대했던 것과
다른 환경에 있는 사물을 보며
우리는 각각의 사물이 생존을 위한
나름대로의 고유한 패턴을
지니고 있다는 사실을
알 수 있습니다.
이는 단순한 방식으로
생겨나지 않습니다.
사람에게도
이 원리는 동일하게 적용됩니다.
주어진 환경에 적응하며
최고의 능력을
발휘하도록 하는 과정은
모든 생물에게
자연적으로 내재되어 있는
본능입니다.

14
열등감은
종종 누군가에게
재능이 없다는
생각을 갖도록 만듭니다.

15

상대방이 처음으로
열등감을 털어놓을 때
우리는 이 말에 귀를 기울여야 합니다.
그들이 말하는 콤플렉스 속에는
지금 상대방이 겪는 어려움이
반영되었을 가능성이 높습니다.
귀를 열어 많은 것을
들어주시기 바랍니다.
누군가의 어려움을 이해하고
공감해주는 일은 숭고한 행위입니다.

16

마음이 이끄는 대로 행하십시오.
단, 머리는 차가워야 합니다.
뜨거운 열정과 냉정한 판단력은
삶을 변화시키는 큰 힘이 됩니다.

17

다른 사람과 쉽게 어울리지 못하는
이들을 상대하는 가장 간단한 법칙은
그 사람이 자신의 장점을
지속적으로 강조한다는 사실을 기억하고
그에 맞게 반응하는 것입니다.
이런 상황은 거의 대부분
열등감으로 인해 발생합니다.

18
꿈은
우리들 삶의 한 방식입니다.
또한 우리는 꿈을 통해
자신의 성격을 더 깊이
이해할 수 있습니다.

19
우리가 꿈을 꿔야만 하는 가장 큰 이유는
꿈이 스스로의 강점을 발휘하여
목표를 달성하기 위한 길을 만들도록
꾸준히 노력할 수 있게 도와주기
때문입니다

20

꿈은 우리의 삶에 산재된 문제를
연결하는 다리의 역할을 합니다.
사람들은 꿈을 꾸면서
자신을 단련시키고
이를 현실에 적용시킬 방안을
끊임없이 고민하며
결국 이를 현실로 만들어냅니다.

21

약하기만 했던 어린아이는 처음으로
열등감을 느낌과 동시에
자신이 견디기 어려운 상황에 처했다는
사실을 인지합니다.
이런 이유로 아이는 살아남기 위해,
그리고 자신이 처한 상황에서
더 나은 것을 추구하기 위해 삶의 방향을
무의식적으로 확고하게 결정합니다.

22

다른 사람들과의 관계를 결정하고
영향을 미치는 기본적인 태도의
근원은 질투심입니다.
누군가를 질투한다는 사실은 열등감이
있다는 것을 나타내는
중요한 지표입니다.

23

의학에서는 모든 장기마다 나름대로의
기능과 목적이 있다고 강조합니다.
완벽함을 추구하기 위해 각각의 기능이
확실하게 정해진 우리의 몸처럼
삶의 목적 역시 다양한 방식으로
세상에 나타납니다.

24
열등감은
세포나 혈관 속에
숨어있는 것이 아니라
우리 삶에서 흔히 일어나는
사회적인 관계로 인해 형성됩니다.
열등감이 모든 사람들에게
피해를 주지 않는 이유는 무엇일까요?
열등감이 있는 사람들은
거의 대부분
성공을 향한 열망 역시 함께 품고 있으며,
이 열망을 이루는데
도움이 될 중요한 능력을
태어나면서부터 지니고 있습니다.
꿈을 이루기 위해
노력하는 사람들에게는
열등감이 자리잡기 어렵습니다.
성공한 사람과 그렇지 않은 사람의
차이는 이것 하나뿐입니다.

25

만약 누군가가 하는 행동이
다른 사람들로 인해
방해를 받는다면
무슨 일이 일어나게 될까요?
그는 열등감을 느낄 것이고
현재 상황에서 벗어나고
싶어 할 것입니다.
이런 성향은
결혼이나 사회생활을 포함한
삶 전반에서 부정적으로 작용합니다.
만약 희망마저 사라진 상태라면
훨씬 더 좋지 않습니다.
다른 사람들의 취향을 존중하고
받아들여주세요.
그렇지 않으면
내가 만나는 사람이
불행해질 가능성이 큽니다.

26

용기와 수줍음은
심리학적으로 보았을 때
그 사람에게 있는 운명에 대한
믿음과 관련이 있습니다.
이러한 믿음은
그 사람이 어떤 행동을 할지 결정하는
중요한 요소로 작용합니다.
지금 우리의 마음을 시간을 내어
살펴봅시다.

27

환자의 회복을 돕는 가장 좋은 방법은
환자 안에 있는 열등감의 싹을
잘라버리는 것입니다.
우리 역시 열등감을 잘 관리해야 합니다.
그렇지 않으면 열등감으로 인해
우리의 삶이 피폐해 질 수 있기
때문입니다.

28

비록 모든 사람에게
열등감이 나타난다 할지라도
열등감은
상대방의 의지를 꺾을 때에만
부정적인 방향으로 작용합니다.
즉, 우리의 자존감이 높으면
열등감은 오히려
우리의 발전에
도움이 되는 요소입니다.
자신을 가지세요.
여러분들은 원하는 것을
이뤄낼 능력이 있습니다.
다만 올바른 방법을
찾지 못했을 뿐입니다.

29

자신의 몸에
콤플렉스가 있는 사람은
이를 극복하기 위한 노력을
알게 모르게 하고 있습니다.
혹은 자신있는 부분을 통해
콤플렉스를 보상받으려는
시도를 하게 되죠.
삶은 항상
이런 방식으로 이어집니다.
누군가에게
결점이 있다 할지라도
그 사람의 인생을
섣불리 재단해서는 안 되는 이유가
바로 여기에 있습니다.

30

열등감은
대개 어떤 문제인지와는 상관없이
우리 안에 잠재된 형태로 나타납니다.
이런 성향을 나타내는 신호 중 하나는
주어진 일에 충실하지 않고
자꾸 뒤로 미루는 습관입니다.
지금 내게 이런 습관이 있는지
확인해보는 것은 어떨까요?
더 나은 삶을 위해서
이러한 태도는
지양해야 할 것입니다.

31

만약 누군가가
자신의 장점만을 지속적으로
이야기한다면
이는 그에게
열등감이 있다는 사실을 의미합니다.
왜냐하면
그는 유익한 분야에서
다른 사람들과 경쟁하기에
충분한 능력을 갖추지 못했기
때문입니다.
그렇기 때문에 이런 사람들은
대개 별로 중요하지 않은 곳에
자리잡은 뒤 자신의
우월감을 표현하려 합니다.

32

꿈을 해석할 때
우리가 생각해야 할
요소는 무엇일까요?
먼저 우리는
꿈이 상상력과 관련되어 있는
요소라는 사실을 인지해야 합니다.
상상력은 새로운 것을
생각해내는 능력입니다.
자신의 인생을 소중히 하지 않고
스스로의 가능성을 평가절하하는
사람들에게는
결코 좋은 미래가 열리지 않습니다.
꿈은 개인의 가능성을
확장시키는 중요한 도구입니다.

33
인생의 주인이 되어
주체적으로 살길 거부하는 사람에게
주어지는 가장 큰 불이익은
자신보다 더 열등한 사람이
내 인생을 다스리게 된다는 점입니다.

34

열등감과 우월감은
모두 사람의 인생을 망치는 독으로
작용할 수 있습니다.
그렇기 때문에 이 두 감정을
어떤 방식으로 다스려야 할지
고민하는 것은 우리에게 있어
매우 중요한 문제입니다.

35

남들이 다 할 수 있는
쉬운 것에 집중하며
열등감을 보이는 것보다는
어려운 것에 도전하며
사람들에게 도전적이며 긍정적인
이미지를 심어주는 편이
훨씬 낫습니다.

36
범죄자들이 죄를 짓게 된 계기는
대부분 열등감으로부터 시작된
경우가 많습니다.

37

우리가 추구해야 할 목표는
영혼을 주관하며
인간을 높은 곳으로 끌어줄 수 있는
존재인 신이어야 합니다.
우리는 스스로를 발전시키기 위해
영혼을 단련하고
마음을 다스려야 합니다.

38

자세히 살펴보면,
우리는 심리학자들이
주의를 기울이는 거의 대부분의 요소가
삶의 방향을 설정하고
이를 달성할 계획을 세우는데
도움이 된다는 사실을 알 수 있습니다.
이는 우월감, 열등감, 목표의식 등의
단어로 요약될 수 있습니다.

39

사람들은
의외로 잠에 대해
깊이 생각하지 않습니다.
사람들은 대개 잠을
깨어있는 것의 반대라고 생각합니다.
그러나 저는 이 의견에 반대합니다.
잠은 깨어있는 상태의 반대말이 아니라
깨어있는 정도를 나타내는 말로
사용되어야 합니다.
깨어있지만 휴식을 취한다는
뜻으로 말입니다.
우리가 무의식이라고 부르는 것도
이와 일부 관련이 있습니다.

40
사회 내에서
사람들의 능력은 모두 다릅니다.
그렇기 때문에
우리에게는
각자 주어진 역할이 있습니다.
우리는 이 점에 주목해야 합니다.
그렇지 않으면
타고난 능력을 기반으로
타인을 판단하는
악습이 생길 수 있습니다.
중요한 것은 내가 가진 능력을
어떤 방식으로 발전시키고
활용해야 할지를 고민하는 것입니다.
처음부터 뛰어난 사람은 없습니다.
사람들의 능력은
끊임없는 노력을 통해
사회에 보탬이 되는 형태로 진화합니다.

아들러 명언 두 번째 마당

가능성의
씨앗

41

사람들은 자신이 이해한 것보다
훨씬 많은 것을 알고 있습니다.
다만 이를 어떻게 하면
효과적으로 드러낼 수 있을지
알지 못할 뿐입니다.

42
사람의 본성, 객관적인 경험 및
환경 같은 조건보다 훨씬 더 중요한 것은
이 요소들을 주관적으로 판단하는
특별한 관점입니다.

43

사람들은 언어가 사회적으로
소중한 발명품이라는 사실을
잘 알고 있습니다.
그러나 개인적으로 느끼는 불편함이
진정한 발명의 어머니라는
사실을 아는 사람은
많지 않은 듯 합니다.
평범한 길을 가는 사람은
자신을 발전시킬 기회가 부족합니다.
무언가가
부족한 상태가 되어야만
창의적인 사고가
활발하게 작동하기 때문입니다.

44

시력에 문제가 있는 화가와
시인이 세상에는 종종 나타납니다.
그러나 오히려 이런 결점은
그들에게
큰 장점으로 작용합니다.
한 화가는
"내 눈은 다른 사람들의
그것과 많이 다릅니다.
제 결점은
상상력을 길러주고
남들과 다른 방식으로
생각하도록 만들어주었습니다."
라는 말을 남겼습니다.

45

아이가 제대로 양육되지 않는다 해서
그가 범죄자가 될 것이라는 말을
섣불리 하지 마시기 바랍니다.
오히려 우리는
그 아이가 걸어온 궤적에
주목해야 합니다.
과거의 인생 속에는
미래를 향한 가능성을 품은
씨앗이 숨어있습니다.

46

우리에게 주어진 결점은
항상 같은 결과를
만들어내지 않습니다.
육체적인 결함과
삶의 결과 간의 관계는
그리 짜임새 있지 못합니다.

47

우리는 주변의 사람들이
스스로의 결점을 극복하기 위해
무엇을 해야 하는지 잘 알고 있지만
정작 당사자는 정확한 방법을
모르는 경우가 많습니다.
슬프게도 이 방법은
거의 대부분
그에게 제대로 전해지지 않습니다.
반대의 경우도 마찬가지입니다.
우리는 다른 사람을 바라보는데
사용하는 객관적인 눈을
우리 자신을 바라보는 데는
잘 쓰지 못합니다.
다른 사람의 문제보다는
자신의 내면에 귀를
기울여보시기 바랍니다.

48
재능 같은 것은 없습니다.
다만, 압박감만이 있을 뿐입니다.
우리가 일반적으로 인식하는 재능은
압박감을 이기는 과정 속에서
성장합니다.

49

어떤 악평도
진실을 해할 수는 없습니다.
내면에 진실함을
품으시길 바랍니다.

50

천재들의 성격을 조사하게 되면
우리는 그들의 결점 역시
함께 발견하게 됩니다.
역사를 살펴보면 심지어 신조차도
눈이 보이지 않거나 하는 등의
결점이 있었습니다.
사실 누군가의 능력은 결점보다는
장점을 통해 세상에 나타나는
경우가 많습니다.

51
자신에게 주어진 어려움을
극복할 수 있다는 사실을
아는 사람은 참고
기다릴 줄 압니다.

52

수영을 처음 배울 때
여러분은 실수를 합니다.
그렇지 않나요?
다음에 일어날 일은 자명합니다.
여러분들은
계속 실수를 하게 될 겁니다.
그리고 할 수 있는
모든 종류의 실수를 하게 되면 적어도
물에 빠져죽지는 않을 겁니다.
실수를 반복하다보면
우리는 곧 수영을 할 수 있다는 사실을
깨닫게 됩니다.
삶도 이와 같습니다.
실수를 두려워하지 마시기 바랍니다.
실수를 하지 않고 삶을 배울 수 있는
방법은 없습니다.

53

만약 철학자가 자신의 일을
온전히 마무리해야 한다면,
그는 종종
다른 사람들과 점심을 함께하지
못할 수도 있습니다.
철학자는 문제를 고민하기 위해
홀로 있는 시간이 필요합니다.
아이디어를 모으고
이를 올바른 방법으로
해결해야 하기 때문입니다.
그러나 문제를 해결하게 되면,
그는 다시 사회에서 사람들과 함께
성장해야 합니다.
혼자있는 시간과 함께 있는 시간 사이의
균형이 중요한 이유는 이 때문입니다.
우리는 살면서 자신을 잃어버리는 일을
극도로 경계해야 합니다.

54

꿈은
감정적인 리허설이자
마음먹은 바를 행동으로 이끄는
사고방식입니다.

55
마음속에
의심을 품고 있는 사람은
자신의 생각을 쉽게 바꾸지 않고
이 때문에 어떤 영역에서도
성공을 거둘 수 없습니다.

56
우리는 살면서 다양한 어려움에
직면하게 되더라도
이를 능히 이길 수 있다는 사실을
깨달아야 합니다.

57

더 나은 인생을 추구하고자 하는
마음가짐은 꼭 지녀야 할 미덕입니다.
이런 자세는 개인의 철학과 사고를
올바르게 하는데 큰 도움이 됩니다.

58

우리 모두가 아는 바와 같이
사람들은 종종 허상에 만족합니다.
주로 용기가 없는 사람들에게
이런 성향이 많이 발견됩니다.
허상을 쫓기보다는 실제 생활에
도움이 되는 진리를 탐구하고
이를 자신의 생활법칙으로 삼는 자세는
인생을 바꾸는데 꼭 필요한 요소입니다.

59

만약 어떤 사람이
사회에서 주도적인 역할을 하며
친구들에게 좋은 경험을 제공하고,
그들의 관심사에 관심을 기울이려
노력한다면 그는 크게
성장할 수 있을 것입니다.

60
놀이는 아이들의 일이지만
이는 단순한 소일거리가 아닙니다.
놀이는 아이들이 즐거움을 찾는
과정이자,
자신의 재능을 발견하는 유용한
수단이기도 합니다.

61

우리는 아이들이 모두 독립적인
성향을 지니도록 양육해야 합니다.
이는 우리가 그들의 삶 가운데
발생하는 실수를 이해하고
그것으로부터 교훈을 얻을 때에만
이룰 수 있습니다.

62

어린 시절의 기억을 잘 살피는 일은
다른 어떤 방법보다도
우리의 삶의 원칙과 성향을
잘 파악하도록 돕습니다.
과거에 집중하며, 자신의 미래를
만들어 나가는데 온 힘을
기울여주시기 바랍니다.

63

만약 누군가가 자신이 원하는 것을
정확히 파악하며
이에 몰입한다면,
당장 몽상을 중단할 것입니다.
몽상을 한다는 것은 다시 말하면
삶의 목적이 없다는 말과
마찬가지입니다.

64

사람들은 삶이 무한하고
우리에게
주어진 선물이 많다는 사실을
쉽게 믿는 편입니다.
물론 처음에는
이 말이 사실일 수도 있습니다.
그러나 우리가
영원히 세상을 사는 것은 아니기 때문에
우리에게 주어진 선물과 혜택은
대개 빠른 속도로 그 빛을 잃어갑니다.
그렇기 때문에
위대한 일을 하는 사람의 숫자는
매우 적은 편입니다.
시간의 소중함을 깨닫고
하루를 충실하게 보내시기 바랍니다.

65

인생에서 우리가 논의해야 하는 현실은
시대를 막론하고 거의 비슷합니다.
이런 상황에서는 삶의 방식을
케케묵은 방식으로 논의하는 것보다,
삶 가운데 무엇을 해야 할지를 생각하는
것이 훨씬 생산적입니다.

66
우리는 사람들 대부분이
자신의 소명을 이루기 위한 준비를 하지
않는다는 사실을 알고 있습니다.
그렇지 않은 경우라 할지라도
대개 그 시기는 늦은 편이죠.
인생의 목적을 깊이 고민하지 않는
사람들은 자신이 어떤 일을 해야
자신과 세상에 도움이 될 수 있을지
알지 못합니다.

67

사람들은 학교와 집에서
명석하고 뛰어난 재능을 보인 아이들이
이후의 삶에서 큰 역할을 감당하지
못한다는 사실을 이해하지 못하며
심지어 크게 놀라는 경우도 있습니다.
현재의 성공이 미래의 성공을
보장해주는 것이 아니라는
간단한 진리를 다시 한 번
생각해보았으면 합니다.

68
성공은
모든 사람에게 내재된 용기와
삶에서 느끼는 절망을
열정적인 희망으로 바꾸는
과정이 더해졌을 때
우리에게 다가옵니다.

69
비관주의는
삶을 직시할 용기를
빼앗아갑니다.

70

오늘날과 같이 발달된 문명은
사람들을 자연스럽게 물질 이외의
다른 분야에 대한 흥미를 잃을 수 밖에
없는 환경으로 이끕니다.
안타깝게도 이런 환경은
개인에게 잠재된 꿈을 향한 열망을
드러내지 못하도록 만듭니다.
자신의 인생을 객관적으로 살펴보는 일이
중요한 이유는 이 때문입니다.

71
사람들은
자신이 좋아하는 것을 찾지 못하고
다양한 것을 배우려 노력합니다.
여러 가지에 발을 담근다는 건
인생이 정확한 방향으로
설정되어 있지 않다는 뜻입니다.
그러나 이런 시행착오 없이
인생의 목적을 쉽게 찾기란
불가능합니다.
그런 의미에서 앞서 말씀드린 과정은
필요악이라 할 수 있습니다.

72

모든 꿈은
나름대로의 목적이 있습니다.
비록 우리가 지금
이해할 수 없더라도 말입니다.

73

우리 자신을 더 자세히 관찰하며 지속적으로 스스로를 발전시킨다면 이전의 실수를 충분히 만회할 수 있습니다.

74

삶의 방식은 통합이라는 말로
정의할 수 있습니다.
그 이유는 어린 시절의 어려움으로
오는 열등감과
이를 극복하기 위해 꾸준히 실시하는
노력이 함께 수반되었을 때
비로소 우리가 성장할 수 있기
때문입니다.
둘 중 어느 하나라도 부족할 경우
성장은 불가능합니다.

75

최선의 방법을 찾았다고
자신있게 말해선 안 됩니다.
우리는 모두 자신에게 맞는 방법과
전략을 발견하는 과정 중에 있습니다.
비록 지금의 상태가 좋을지라도 우리는
계속해서 삶을 개선할 수 있는
좋은 방안을 찾아나가야 합니다.

76
개인의 목표가 확고하지 않다면,
우리가 삶에서 하는 행동에서
특정한 의미를 찾기란
쉽지 않을 것입니다.

77

교육자에게 있어 가장 중요한 일은
학습자의 열의가 꺾이지 않도록
지켜보는 것입니다.
또한 이미 열정을 잃은 학생들이
자존감을 회복하도록 돕는 것 역시도
교육자의 의무입니다.
이는 모두가 협력해서 이뤄야 하는
목표이며, 이러한 교육은 학생들이
미래에 대한 희망을 품고 교육에
대한 즐거움을 갖게 될 때
가능해 질 것입니다.
우리 역시도 마찬가지입니다.
스스로의 호기심을 억누르지 않고
끊임없이 새로운 것을
배워나가도록 합시다.
이는 모두에게 유익한 학습방안이
될 것입니다.

78

사람들의 마음속에는 지금의 상태를
초월하여 더 나은 곳으로 나아가고자
하는 목표가 자리잡고 있습니다.
또한 현재의 불완전함을 극복하기 위해
미래를 향한 확실한
목표를 세우기도 합니다.
성공한 사람들은 모두 목표를 세우고
이를 실천하기 위해 노력하였습니다.

79

목표가 우리들 사이에서
자주 언급된다 할지라도
대부분의 경우 그 의미는
우리에게 매우 흐릿하게 다가옵니다.
목표에 대한 아이디어는 그래서 반드시
구체적이어야만 합니다.

80

영혼이 있는 사람이라면
자신을 극복하고 완벽함을 꿈꾸며,
더 나은 모습을 추구하고
평안한 마음을 갖는 것을
목표로 삼아야 합니다.

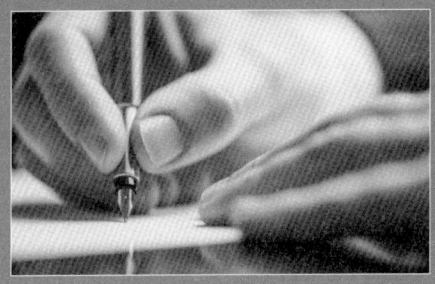

아들러 명언 세 번째 마당

실패와 성공의 열매

81

너무 많은 대책을 세우는 것은
삶에서 가장 위험한 행동입니다.
대책을 세우는 동안 문제가 악화될 수
있기 때문입니다.

82
우리가 삶에서 이루고자 하는 목표를
확실하게 정했을 경우에만
미래에 어떤 일이 일어날지
예측해 볼 수 있습니다.

83

만약 당신이 아침에 일어나자마자
다른 사람들을 어떻게 기쁘게 할지
매일 생각한다면
설사 우울증이 있더라도 쉽게 극복할 수
있을 것입니다.

84

저는 성공보다는
실패를 통해 훨씬 많은 것을
깨달았습니다.
성공은 달지만 그 안에는
우리를 서서히 망가트리는 독이
들어있습니다.

85

저는 저를 통해
세상에 나온 아이디어에
무한한 감사를 드립니다.
사실 우리 주변에는 세상에 나오기를
기다리는 수많은 아이디어가 있습니다.
우리는 그저 어떤 것을 선택할지
고르면 되죠.
다만 이 과제를 달성하기 위해서는
하나의 문제에 집중할 수 있는 끈기와
몰입이 필요합니다.

86

사람들은 모두 자신이 삶에서 많은
어려움을 겪을 것이라는 사실을
알고 있습니다.
허나 사람들은 이를 이겨낼 수 있다는
믿음을 동시에 지니고 있습니다.
어느 쪽의 믿음이 더 크냐에 따라
우리의 인생이 결정됩니다.

87
어려움을 극복하며
우리는 용기와 자존감을 갖고,
스스로에 대해 더 잘 알아나갈 수
있습니다.

88

우리는 주변의 대부분이 각자의 약점을
극복하기 위한 노력을 하고 있다는
사실을 이미 알고 있습니다.
사람들은 어려움을 맞고
곧 이를 극복합니다.

89
오직 행동의 힘을 믿으세요.
삶은 말보다는 행동의 힘으로
변화됩니다.

90

사람들은 모두 실수를 합니다.
허나 중요한 것은
우리가 이를
수정할 수 있다는 점입니다.

91
만약 누군가에게 목표가 없다면
그는 삶의 의미를 찾는 노력을
중단하게 될 것입니다.

92

개인이 쓸모없는 것에
자신의 마음을 두는 이유는
단 한 가지입니다.
중요한 상황에서 실패하는 것에 대한
두려움 때문이죠.

93
주변에서 생기는
모든 어려움의 시작점은
자기 자신입니다.

94
인간의 영혼은 흘러가는 삶 가운데
자신을 보다 높은 곳으로 이끌고
이를 완벽하게 만드는 능력을
갖추고 있습니다.

95

역사 내에서
사회의 발전과정을 살펴보면
사람들이 어려움을 어떤 방식으로
극복하고 협력했는지에 대한
힌트가 숨어있습니다.

96

다른 사람의 규칙을
순순히 따르는 것보다는
이에 저항하는 일이
훨씬 더 쉽습니다.
그러나 가장 좋은 것은
다른 사람의 자유를 침해하지 않는
범위 내에서
자신만의 규칙을 만드는 것입니다.

97

어려움을 겪지 못한 사람은
자신이 어떤 삶을 추구해야 할지 모르는
경우가 많습니다.
그러나 어려움을 맞이하게 되면
이는 아주 명백한 방식으로 드러납니다.
역경을 헤치며
굴곡진 인생을 사는 사람들은
그렇지 않은 이들에 비해
삶을 객관적으로 바라보고 자신을 더
깊게 볼 수 있는 기회를 갖습니다.

98

삶은 어려움을
극복하는 게임과 같습니다.
어려움은 어느 곳에나 있습니다.
중요한 것은 이를 어떤 방식으로
이겨내느냐 하는 점입니다.

99
사람들은 앞으로 나아가고 싶어 하지만
동시에 패배에 대한 두려움 역시
함께 품고 있습니다.

100

환상은 사람들의 실제 행동과
연관된 것이 아닙니다.
삶을 반영하는 말 역시도 아닙니다.
대개 이런 환상은 열등감을 해소하려는
소망에서 출발합니다.
환상이 단순한 신기루가 되지 않기
위해서는 이를 현실화 시킬 방안을
고민하고 실행에 옮겨야 합니다.

101

우리가 일단 삶을 바라보는
절대적인 기준을 버린다면,
이상향은 더 이상 우리가 부러워 할
무언가가 아니게 됩니다.

102

제가 공부한 개인심리학을 통해 저는,
"사람들은 모든 것을 이룰 수 있습니다."
라는 진리를 배웠습니다.
만약 성공이 사람에게 본래부터 있는
능력에 의해 좌우되었다면
저를 포함한 거의 대부분의 심리학자들은
아무것도 이루지 못했을 것입니다.

103

내가 직접 부딪치며
어려움을 해결한 것이 아니라면,
사람들은 대개 자신에게 주어진 일을
사랑하지 않습니다.
인생에서의 어려움도
크게 다르지 않습니다.
살면서 어려움을 겪지 않은 사람은
그렇지 않은 이들에 비해
자신의 인생을 중요하게 생각하지 않는
경향이 있습니다.

104

만약 누군가가
희망과 용기를 잃어버린다면,
행동이 느려지고 변명을 하는 경우가
많아지며 주어진 과제에 집중하지 않고
결국에는 해야 할 일을 중단하는
사태까지 벌어집니다.

105

용기있고,
자신감을 갖춘 사람에게는
어려움을 극복하고
삶을 자신에게 유리한 방향으로
이끌 잠재력이 있습니다.
이런 사람들의 삶은
충분히 존중받아야 합니다.
더 용기를 가지세요.
그렇지 않으면
어려움이 당신을 집어삼킬 것입니다.

106

만약 누군가의 삶이 다른 이들의
열망만이 반영된 결과라면,
그는 살아갈 힘을 잃고 문제를
적극적으로 해결하지 않으려
할 것입니다.
미래는 스스로 개척하는 것입니다.
어느 정도의 도움은 필요하지만
중요한 결정은 전적으로
자신의 판단에 의지해야 합니다.

107

사람의 미래를 이해하려면
우리는 그가 삶에서
어떤 선택을
하고 있는지에
집중해야 합니다.
비록 우리가 본능이나 외부로부터의
자극 및 내적 동기를 자세하게
이해한다 할지라도,
우리는 미래에 어떤 일이 발생할지
예측할 수 없습니다.
미래를
속단하지 맙시다.
미래는
우리의 노력에 따라
얼마든지
바뀔 수 있습니다.

108

비록 아이가 가정에서
잘 적응했다 할지라도
학교와 같은 환경을 접했을 때
자신의 역할을 잘 해낼 것이라고
확신할 수는 없습니다.
이런 상황은 의외로 자주 발생합니다.
친구들과 선생님으로부터
미움을 받는 경우도 있고,
학생 스스로가 새로운 상황을
어려워 할 수도 있기 때문입니다.
어려움은 누구에게나
예외없이 작용합니다.
이를 현명하게 극복하는 것이
우리에게 주어진 과제입니다.
상대방의 심리를 확인한 뒤
원하는 것을 미리 제공할 수 있다면
이 과제를 해결하기가 훨씬
쉬워질 것입니다.

109

개인의 삶을
상세히 분석하지 않고
몸과 마음의 관계에 대해
배우는 일은 잘못된 것입니다.
무언가를 공부할 때면
항상 우리는 배운 내용이 삶에서
어떻게 적용되어야 할지
생각해야 합니다.
우리의 몸과 마음은
앞으로 살아가게 될
인생과 밀접한 관련이 있습니다.
그렇기 때문에
우리는 공부를 하며
익힌 지식을 유연하게 적용할
통합적인 사고방식을 지녀야 합니다.

110

사회적으로 많이 제기되는 질문은
우리가 다른 사람들과 겪는 문제와
필연적으로 관련이 있습니다.
이는 사람들의 마음속에 있는 생각이
비슷하다는 것을 증명합니다.
내게만 어려움이 있을 것이라는
생각보다는 이를 어떻게 하면
현명하게 해결할 수 있을지를
고민하는 것이
더 생산적이라 할 수 있습니다.

111

억압된 사회에서라면
우리는 원하는 것을 체제 내에서
힘들게 고생하며 만들어내기보다는
독립적으로 움직이는 전략을
선택해야 합니다.
이전의 많은 이들이 경험한 대로
이는 삶에서 자신을 지키는
중요한 원칙입니다.

112

확실한 목표와 목적의식이 있는 사람은
일에 참여할 때 우월감을 가지며
어려움을 이겨낼 수 있습니다.
마음속에 성공에 대한 열망이
자리잡고 있기 때문입니다.
목표와 목적의식은 사람을 움직이는
중요한 동력 중 하나입니다.

113

다른 사람의 결정을 기다리지 않고
스스로 판단하는 사람은
그렇지 않은 사람들에 비해
인생을 주도적으로 살 수 있으며,
더 큰 힘을 발휘하게 됩니다.

114

우리 모두는 스스로에게
어려움을 피하지 않고
맞서 싸워 해결할 수 있는
능력이 있다는 사실을 인식해야 합니다.

115

세상은 빠른 속도로 변합니다.
그렇기 때문에 현대인은 미래의 적을
알지 못한 채로 전쟁을 준비해야 합니다.
결국 외부의 요건에 맞춰서
자신을 완성하는 것보다는
<u>스스로의 주관적인 태도</u>를 바탕으로
미래를 준비하는 것이
훨씬 더 효과적인 전략이 됩니다.

116
명성을 얻으며 성공하기 위한
가장 좋은 방법은
당신이 원하는 바를
실현하기 위해 끊임없이
노력하는 것입니다.

117

삶을 만들어 간다는 말은
창의적인 노력을 통해
<u>스스로</u>를
이상적인 방향으로 발전시키는 것을
뜻합니다.

118

중요한 결정을 해야 할 때는
마음의 열정에 자신을 맡기는 것이
가장 좋습니다.
왜냐하면 이성은 거의 대부분 우리가
꿈을 꾸는 것을 방해하고 아직 때가
되지 않았다는 말로 사람들을
설득하려 하기 때문입니다.

119
마음에 있는 상처를 치료하기 위해선
그 상처를 직시할 수 있는 용기가
있어야 합니다.

120

우리는 사람의 영혼이
실제가 아닌 것처럼 여기고
심리 현상을 무시한 채로
윤택한 삶을 살 수 있을 것이라
믿고 지내왔습니다.
사람의 영혼과 몸은 뗄레야 뗄 수 없는
불가분의 관계에 있습니다.
영혼의 힘을 믿고 이를 바탕으로
더 높은 곳으로 올라갈 수 있다는 점은
인간만이 지닌 특권입니다.

아들러 명언 네 번째 마당

잊혀진 보물, 소중한 가치

121
우리의 삶은
꿈과 목표를
찾아나가는 험난한 여정입니다.

122

경험이 없다는 것은
성공의 요인이 되기도,
때로는 실패의 요인이 되기도 합니다.
다양한 것을 시도하며 기존의 형식을
파괴할 수 있다면 성공하겠지만
경험이 없음에도 자신의 능력을
과신한다면 실패할 수 밖에 없습니다.

123

삶의 의미는 주변의 상황에 의해
결정되지는 않습니다.
그러나 우리는
그 상황에 부여한 의미로 인해
인생의 목적을 결정합니다.
결국 삶을 결정하는 것은
우리의 마음가짐입니다.

124

우리는 사람을 판단할 때,
사회에서 요구하는 이상적인 조건에
부합하는 인물을 기준으로 삼아
그를 비교합니다.
평균적인 데이터만으로
사람의 옳고 그름을 판단하는 것입니다.
그러나 기준은 사회마다 모두 다릅니다.
조금 더 유연해 질 필요가 있습니다.

125
사람들은
대개 자세와 움직임 같은
겉모습만을 바탕으로
타인을 판단하는 경향이 있습니다.
그러나 이런 태도는 옳지 않습니다.
비록 우리가 항상
이성적으로 판단하는 것은 아니지만,
그런 우리의 눈으로 보아도
이런 행위는
공감과 반감을 동시에
불러일으킬 수 있습니다.
만약 반감이 커진다면
이는 인간관계에서
치명적으로 작용합니다.

126
진실은
때로는 공격적인 무기가 되기도 합니다.

127

진실을 말해도
사람들이 위험하다고 느끼지 않는다면
거짓말 역시도 큰 의미가 없을 것입니다.
주변의 상황을 잘 확인하여 자신에게
유익한 전략을 세우는 것이
중요한 이유입니다.

128

삶에서 발생하는 우리의 문제는
사회에 긍정적인 영향을 주는데
필요한 방법을 적극적으로 활용하여
모든 사람들이
주변의 사람들에게 관심을 갖도록 하는
것으로 해결할 수 있습니다.

129

비교하는 행위는
자신과 다른 사람들을 속이는
가장 좋은 수단입니다.
끊임없이 자신을 다른 사람과
비교하는 이는 자신에게
'논리를 활용하여
다른 사람을 설득할 수 있는 능력'이
없을 것이라 생각합니다.
스스로의 능력을 평가절하하기
때문입니다.

130

인류에게 있어 죽음은 축복입니다.
죽음이 없으면
진정한 발전도 없습니다.
만약 우리가 영원한 삶을 살게 된다면
젊은이들의 노력과 성과를
인정하지 않고
그들의 의욕을 꺾을 뿐만 아니라
창조적으로 살려는 자극조차 받지
못하게 될 것입니다.

131

삶을 윤택하게 만드는 모든 질문에
귀를 닫고 스스로 만든 장벽에 갇힌다면
이는 정신병원으로 가는 길을
직접 여는 것과 크게 다르지 않습니다.

132
만약 누군가가
타인의 삶을 방해하고 싶을 경우,
가장 빠른 길은
그들의 믿음을 배신하는 것입니다.

133

아이가 하는 모든 행동은
즐거움과 관련되어 있습니다.
실제로 아이들의 목적은
즐거움을 추구하는 것입니다.
그러나 성인이 되면 즐거움보다는
의무감이 자리잡습니다.

134

의외로 사람들은
삶에 주어진 많은 질문 중
유독 사랑에 대해서 만큼은
준비와 훈련이 되어있지 않습니다.

135

교육의 가장 큰 목적은
앞으로의 인생에 필요한 내용을
익히는 것입니다.
무엇을 배우고
무엇을 배우지 말아야 할지
항상 생각하는 자세는
개인의 발전에 큰 도움이 됩니다.

136

자연을 향한 우리의 감정,
바다와 땅의 아름다움을 향한
우리의 느낌,
소리와 색깔이 주는
고유한 느낌 등은
모두 사랑을 하는 사람이 갖춘
진실함과 관련되어 있습니다.
문명의 이기를 누리게 된 이후로
사람들은 이런 감정을 조금씩
잃어가고 있습니다.
잠시 시간을 내어 주변을 둘러보며
지금 내가 살고 있는 곳이
얼마나 경이로운지
느껴보시기 바랍니다.

137

일부 아이들은
그들이 학교에서 얻는 숫자(성적)가
사회적으로 어떻게 받아들여지는지에
대해 잘 알고 있는 것처럼 보입니다.
이러한 특성은
확실히 감탄할 만 하지만
장려 되어서는 안 됩니다.
우리는 얼마나 많은 영재들이
학교를 이처럼 불만족스럽게
다니고 있을지 생각해보아야 합니다.
오히려 교육은
이런 아이들을 따뜻한 인물로 만드는데
필요한 것을 제공해야 합니다.
가정에서도 그리고
주위 사람들과의 관계에서도
이런 부분은 매우 중요합니다.

138
세상에는
다양한 종류의
학자들이 있습니다.
각자의 입장은 모두 다릅니다.
문제는 이들이
다른 사람들이 옳다고
인정을 하지 않는다는 점입니다.
주어진 환경에서
실수할 수 있다는 사실을 인정하고
다른 사람들의
의견에 귀를 기울이며
개인의 삶을
풍성하게 꾸며봅시다.
그럼 우리에게
세상을 다른 방식으로 바라보는
눈이 주어질 것입니다.

139

과거를 분석하는 일은 우리의 삶에서
매우 중요한 요소입니다.
그러나 대부분의 사람들은
과거를 분석할 때
전체를 보는 것이 아니라 사건 하나에만
집중하는 경향이 있습니다.
과거의 행동은
삶을 구성하는 중요한 부분이 맞지만
이와 동시에 자신의 행동을 제약하는
족쇄가 되기도 합니다.

140

인생을 향한
확고한 목표와 목적의식은
살면서 우리가 했던 실수를
깊게 이해하지 않고는
만들어지지 않습니다.

141
눈물과 불평은
협력을 저해하고
사람들을 쉽게 노예의 상태로 만드는
매우 효과적인 무기입니다.

142
불평을
감사함으로 바꿀 수 있는 방법은
사명감을 갖고
스스로의 목표를 달성하기 위해
끊임없이 노력하는 것입니다.

143
중요한 일을 하는 사람은
자신이 중요하지 않은 사람으로
취급받는 것을 두려워하지 않습니다.

144

열심히 공부하고 진리를 추구하던 사람이
어느 순간 배움을 멈추고
세상의 모든 원리를 이해하는 것처럼
행동할 때가 있습니다.
이는 옳지 않습니다.
세상은 항상 움직이고,
진리는 변하기 때문입니다.

145

지금 세상에
도움이 되는 일을 하고 있다면
다른 사람들이
당신에 대해서
어떻게 생각하는지에 대해서는
크게 신경쓸 필요가 없습니다.

146

성공은
자신이 하고 있는 일을
다른 사람들과 비교하는데
시간을 낭비하지 않는 사람에게
찾아옵니다.

147

누군가에게 신뢰를 주는 사람이 되려면
먼저 자신을 신뢰할 수 있어야 합니다.
그렇기 때문에
우리는 먼저 마음속에 있는 열등감을
인정하고 받아들이며,
스스로의 가치를 높이기 위해
노력해야 합니다.

148

잘못을 통해 배우는 자세는
꼭 필요하지만
잘못이 반복될 경우
우리는 그것을
스스로의 선택이라고 여겨야 합니다.

149

저는 삶의 모든 것이
연결되어 있다고 믿습니다.
우리 주변에 흐르는 강물이
모두 하나의 바다와
연결되어 있는 것 같이
우리가 살면서 만들어 갈 관계도
연결을 빼놓고는 생각할 수 없습니다.

150

세상에 있는 사람들은
모두
스스로가 만든 역사의 중심에
서 있습니다.
이 역사에 누군가는 행동으로,
또 다른 누군가는 침묵으로 응답합니다.

151
지는 것을 두려워하면 거의 대부분의 상황에서 질 수 밖에 없습니다.

152

어느 누구에게도 여러분을 아래로
끌어내릴 권리를 넘겨주지
마시기 바랍니다.
특히 증오가 가득찬 사람들을
조심하십시오.
그들은 승자인 척하는 패배자입니다.

153

천재는 존경받고,
부자는 질투를 유발하며,
권력자는 두려움을 불러일으키지만
인격이 뛰어난 사람은
다른 이들로부터 신뢰를 받습니다.

154

만물은 저마다 자신만의 고유한 가치를
품고 있습니다.
이는 하나의 기준으로 판단할 수
없습니다.
자신이 품고 있는 바로 그것
하나만으로도
우리의 인생은 가치가 있습니다.

155

때때로 몸이 아프지 않음에도 불구하고
어떤 이들은 자신만의 방식으로
병과 죽음에 대해 깊이 고민합니다.
항상 죽음을 생각하는 사람은
다른 사람과 삶의 무게가
다를 수 밖에 없습니다.
이런 사람들의 삶은 평범한 이들보다
훨씬 더 밝게 빛납니다.

156

대개 학교의 학생들은
한 가지 방법으로만 지도를 받습니다.
그렇기 때문에 그들은 자신을
통합적으로 바라볼 수 있는 시야를
잃어버릴 가능성이 큽니다.
개인의 발전을 위해서는 다양한 것을
체험하며 효과적인 방안을 찾기 위한
노력이 선행되어야 합니다.

157
우리에겐
행복할 용기와
슬퍼할 용기가
공존합니다.

158

삶은 항상 이어집니다.
또한 삶을 이끄는 힘은
외부의 장애물에
순순히 자신을 내어주지 않습니다.

159

자연은
우리의 능력을 향상시키기 위한
거의 대부분의 것을 포함하고 있습니다.
또한 개인마다 좋아하는 것이
다르기 때문에 이들의 능력은
자연속에서 다양한 방식으로
발전할 수 밖에 없습니다.

160

서로 사랑하시기 바랍니다.
사랑하지 못하는 아이들은
그 생명의 불꽃이 머지않아
꺼지게 될 것입니다.
세상에서 가장 중요한 것은
사랑입니다.

아들러 명언 다섯 번째 마당

세상을
연결하는 끈

161

복잡하게 얽힌 삶의 의미를
이해하는 일은 정말 중요합니다.
그 의미는
개인의 추구해야 할
삶의 목표와 관련이 있습니다.
삶에서 우리에게 나타나는
이상적인 목표는
세상에서 일어나는 일들의
이면을 이해할 수 있도록 도와주며
인생의 방향을 설정하고
궁극적으로는
자신을 바꾸려는
행동의 형태로 나타나게 됩니다.

162

대개 사람들은
자신에게 익숙하지 않은
특정한 상황에서
불편함을 느낍니다.
삶이 힘든데다
스스로 무언가를 할 힘도 없어서
이런 환경을 본능적으로
두려워하기 때문입니다.
그렇기 때문에
사람들은
소외되는 것을 택하기보단
같은 처지에 있는 사람들끼리
모여 함께 문제를
해결하려 합니다.

163

각각의 행동이 갖는 목표와
의미가 무엇인지 이해하지 못한 상태에서
사람들의 운명과 성향을 바꾸려는
시도는 무의미한 일이며
효과도 그리 크지 않습니다.

164

네 이웃을 네 몸과 같이
사랑하라는 격언이 있습니다.
앞으로 수백년 동안
이 격언은 숨 쉬거나 걷는 것 만큼
자연스러워져야 합니다.
모든 사람이 이 격언을
마음속에 품었을 때
세상은 더 아름다워질 것입니다.

165

사회에서 일어나는 모든 일은
자신에게 유리한 환경을 만들고자
하는 사람들이 많다는 사실에 근거하여
판단해야 합니다.

166

범죄자는 자신만의
세상에서 살고 있습니다.
이런 환경에서는
진정한 용기도, 자신감도,
그리고 사람들에게
유익한 가치도 배울 수 없습니다.
다른 사람들과의 교류가 없이
자신만의 세상에서 살고 있는 사람은
사회에서 요구하는 역할을
감당하기 어렵습니다.

167

일반적으로 직업에서의 성공은
사회에 얼마나 잘 적응하느냐에
따라 달려있습니다.
그들의 말과 시선,
그리고 이를 통해
받는 느낌을 기반으로
이웃과 고객의 니즈를 이해하는 일은
큰 이점으로 작용합니다.

168
가치 있는 일이라면
반드시
사람과 사회에
유용한 것이어야만 합니다.

169

경쟁에 참여하는
모든 아이들은
승리에 대한 희망을 품고
있어야 합니다.
만약 이 마음이 사라진다면
모든 것이
없어진 것과 같습니다.
그렇기 때문에
사회에서의 경쟁은
1등을 가리는 것이 아니라
각자의 잠재력을
발전시키는 방향으로
설계되어야 합니다.

170

사회 내의 구성원이
무엇에 관심이 있는지 시작부터
잘 이해하는 일은 매우 중요합니다.
우리가 무언가를 배울 때
가장 중요한 부분이기 때문입니다.

171

우리가 세상에 태어나고,
성장하며,
사라지는 과정은
모두 삶 속에서 맺는 관계에 의해
결정됩니다.

172
누군가의 과거를 이해하기 위해
가장 중요한 것은
공감능력입니다.

173

다른 사람의 눈으로 보고,
다른 사람의 귀로 들으며
다른 사람의 마음으로
공감하십시오.

174

사람들은
소중한 이들에게
자신이 원하는 것이나
예전에 자신이 했던 행동을
스스럼없이 얘기해도 된다고
생각하는 경향이 있습니다.
우리가 알고 있다시피
이런 행동의 결과는
그다지 좋지 않습니다.
누구에게나 감추고 싶은 비밀이
있기 때문입니다.
자신에게 좋은 것이 아니라면
다른 사람들에게도
좋지 않습니다.

175

우리는 살아가며
주어진 환경에 적응합니다.
그렇기 때문에
우리의 주변에서 발생하는 일을
정확하게 확인하고 분석하는 일은
매우 중요합니다.
환경은 우리의 마음과 생활양식을
지배하는 큰 요소 중 하나입니다.

176

사람은 자신이 속한 곳에서
반드시 의미있는 일을 해야 합니다.
만약 그가
다른 사람들에게 관심을 갖지 않는다면
이 목표는 이루기 어려울 것입니다.

177

현대를 살아가는 사람이라면
자신이 서 있는 위치에서
주변을 더 낫게 만들기 위한
방안을 고민해야 합니다.
그 방법 중 하나는 자신의 일이
세계에서 가장 중요하다는
소명의식을 지니는 것입니다.
실제로 그렇습니다.
개인에게 있어
자신이 하고 있는 일은
무엇과도 바꿀 수 없는 소중한 것입니다.
세상에서
성공을 거두는 사람의 공통점은
자신의 일을 좋아하고
이 분야에서 최고가 되었다는 것입니다.
이는 직업의 귀천과는
큰 상관이 없습니다.

178

주변 사람들을 의심하고
그들로 하여금
긴장감을 느끼도록 만드는 사람과는
이상적인 관계를 만들어내기가
어렵습니다.
다른 사람들이
나를 어떻게 생각하고 있을지
떠올려봅시다.
지금 나는 가까운 사람들에게
어떤 존재인가요?
지금까지 다른 사람들에게
부담스러운 존재였다면
지금부터는
그들에게 다른 모습으로
다가가야 할 것입니다.

179
살아가면서 우리는
가족이나 주변 사람들을 위해
스스로에게 주어진 의무를
감당해야 합니다.
그러나 그 의무가
자신만을 위한 것으로 변질된다면
다른 사람들의 공감을 얻지 못하고
고립될 것입니다.
이런 자세는
결코 바람직하지 않습니다.

180

사람들의 행동양식을
확인하기 위한 방법은
그들의 사회, 직장,
그리고 이성 간의 관계를
확인하는 것입니다.

181

뒤를 돌아보면
누구에게나
중요한 순간이 있습니다.
또한 우리는
그 기억속에서 어떤 점을
삶에 반영해야 할지도
깊게 생각해 보아야 합니다.
그래야 그 순간이
의미가 있기 때문입니다.
그렇지 않다면
아마 이는 자신만의 추억으로만
남을 가능성이 높습니다.
기억은 사람들의 머리에 남아
그들의 앞을 비춰주는
등불이 되어야 합니다.

182

자신의 마음을
다른 사람의 마음에 두는
공감능력이야 말로
현대사회를 살아가는 사람들에게
꼭 필요한 능력입니다.

183

제가 아는 한 학문을 통해 익힌
소중한 법칙은
실제의 삶과 사회에 적용되지 않으면
아무런 소용이 없습니다.
생각과 행동 모두가 중요한 시점입니다.

184

받은 만큼
사람들에게 베풀어주는 행위는
우리가 가장 중요하게
생각해야 할 것 중 하나입니다.
결혼한 부부들 사이에서
문제가 발생하는 이유로
들 수 있는 것 중
나는 아내나 남편 중 한 쪽이
다른 쪽에 비해 손해를 보고 있다고
생각한다는 점입니다.
물론 서로에 대한 마음을
똑같이 맞추는 일은
현실적으로 불가능하지만,
손해를 보고 있다는 느낌을
주지 않기 위한 최소한의
노력은 필요합니다.
다른 인간관계 역시 이와
마찬가지입니다.

185

어떤 사람에게
위대한 능력이 있다고 할지라도
그 사람이 사회적으로
고립되어 있다면
그 능력은
아무 소용이 없습니다.
이 문제는 거의 대부분
그 사람의 용기와 관련이 있습니다.
세상은
지금 당신을 필요로 하고 있습니다.
용기를 내어
한 발짝 다가가보시기 바랍니다.
이전과는 다른 세상이
당신을 기다리고 있을 것입니다.

186

우리는
세상에 도움이 되는
사람일 수도 있고
그렇지 않을 수도 있습니다.
이 상황에서
우리에게 중요한 것은
무엇이 옳고 그른지를
끊임없이 묻고 답하는 것입니다.
다른 사람들에게
도움이 되면서도
개인의 발전을
꾀할 수 있는 일을 택한 뒤
자신의 열정을
쏟으시기 바랍니다.

187
사회에서
자신에게 주어진 역할을
감당하다 보면,
우리가 생각했던 것 보다
훨씬 더 차가운
현실을 맞이하게 됩니다.
대개 이런 이유 때문에
개인이 원하는 바와
사회에서 맞춰줄 수 있는 부분은
일치하지 않는 경우가 많습니다.
중요한 것은
그 가운데서
스스로 만족할 수 있는 부분을
찾는 일입니다.

188
우리는 스스로의 내적 자유를
지켜냄과 동시에 사회적인 책임을
다할 수 있는 방안을 고민해야 합니다.

189
진실함은
우리가 갖출 수 있는 강한 힘 중
하나입니다.
이는 함께 있지 않을 때에도
다른 사람들로 하여금
우리를 생각나게 할 만큼
큰 영향력을 행사합니다.

190
아마추어는
특별한 영감을 찾아 헤매지만,
프로는
잠에서 깨자마자 일을 하러 나갑니다.
다른 사람들을 위해
무언가를 해야 할지 고민하는 것보다
작은 행동 하나가
더 큰 효과를 발휘할 때도
있게 마련입니다.

191
강건함은
비슷한 것을 추구할 때보다는
고유한 가치에 집중할 때
생겨납니다.

192
삶의 목적은
다른 사람들을 돕기 위한
열정과 의지를 기반으로 하여
세상에 봉사할 수 있도록
설정되어야만 합니다.

193

다시 한 번 강조하지만
사람에게 가장 가치있는 일은
세상에 쓸모있는 인물이 되는 것입니다.
우리는 누군가에 의해 소비되거나
평범한 방관자가 되는 것을 거부하고
짧은 시간 일지라도
타인의 인생을 변화시키기 위해
노력해야 합니다.

194

결국 우리는 자신의 삶을
스스로 설계하고 만들 수 밖에 없습니다.
우리가 죽기 전까지
이 과정은 끝나지 않습니다.
그 과정 중에 우리가 했던 선택은
책임으로 남습니다.
우리는 이 사실을 인지해야 합니다.

195
삶은 우리에게 주어진 선물입니다.
삶은 우리에게
더 나은 무언가가 될 수 있는
기회와 특권 그리고 이에 대한
책임을 부여합니다.

196
제가 사람들에게
이야기하고 싶은 것은
바로 사회적 책임이라는 가치입니다.
만약 우리가
사회에 꼭 필요한 재능을 갖는
행운을 누리게 되었다면,
우리는 이를 가장 효율적으로
사용할 수 있는 방안을
모색해야 합니다.

197

다른 누군가에 의해
특별한 의미를 부여받는 삶은
지속적인 가치를 만들어 냅니다.
누군가에게 의미를 부여받기 위해선
자신보다 사회를 생각하는
태도를 지녀야 합니다.
대개 이런 사람들의 수는
우리가 생각하는 것보다 적습니다.

198
대개 사람들은
어려움을 극복하기 위해
혼자서 일을 진행하기 보다는
마음이 맞는 사람들을 중심으로
모이는 경향이 있습니다.
이렇게 형성된 관계는
어려움을 쉽게 극복하고
목표를 빠른 시간 내에
달성할 수 있도록 개인을 돕습니다.
힘들 땐 기대시기 바랍니다.
혼자서 모든 것을
해결하려 하는 것보다는
이 편이 훨씬 낫습니다.

199

개인은 사회에서
어떤 종류가 되었든
자신만의 역할을 감당하도록
만들어졌습니다.
개인이 이를 좋아하는 것과는 관계없이,
사회는 개인으로부터
이런 혜택을 받아
스스로의 발전에 사용합니다.
사회를 위해
자신의 능력을
발휘하시기 바랍니다.
이것은
우리에게 주어진 의무입니다.

200

자신의 능력을 믿고
타인을 위해 봉사하려는
마음을 가진 사람들이
많은 사회가 아니라면
소중한 가치를 만들어내기가 어렵습니다.
이는 개인의 의지로부터 시작되어
다수에 의해 보호받아야 합니다.

아들러 명언 200선
풍요로운 삶의 긍정

1판 1쇄 발행 2016년 1월 5일
지은이 알프레드 아들러 **편저** 정의석 **펴낸곳** 북씽크 **펴낸이** 강나루
주 소 서울시 성동구 행당동 192-29 성동샤르망 1019호 **전 화** 070-7808-5465
등록번호 제206-86-53244
ISBN 978-89-97827-75-6 **이메일** bookthink2@naver.com
Copyright ⓒ 2016 알프레드 아들러, 정의석

*잘못된 책은 구입처에서 교환해 드립니다